DISCOURS

SUR

LA VIE ET LES ŒUVRES

DE JACQUES-AUGUSTE DE THOU,

PAR M. CHASLES.

Lu dans la séance publique du 25 août 1824.

PARIS,
CHEZ FIRMIN DIDOT, PÈRE ET FILS, LIBRAIRES,
RUE JACOB, N° 24.

1824.

IMPRIMERIE DE FIRMIN DIDOT,
IMPRIMEUR DU ROI ET DE L'INSTITUT, RUE JACOB, N° 24.

A MON PÈRE.

DISCOURS

SUR

LA VIE ET LES OEUVRES

DE JACQUES-AUGUSTE DE THOU.

> Ἀληθεύειν ἐν ἀγάπῃ. (Εὐαγγ.)
> *Dire la vérité par amour pour les hommes.*

Le jour naissait à peine : un jeune catholique avait quitté l'asyle de ses études pour se rendre au pied des autels (*). Il traverse Paris, où tout semble reposer encore. Tout est calme. Mais, au milieu du silence, quels cris lointains percent les airs et se mêlent au son des cloches ? Le jeune homme avance : le bruit redouble. Il s'étonne, il s'effraie, il hâte ses pas. Spectacle épouvantable ! auprès d'une église, un cadavre sanglant repose sur des armes brisées !.. C'est Calliste assassiné, Calliste, ami de la famille

---

(*) Voir, pour ce récit, les Mémoire d'A. de Thou, L. III.

du jeune homme, et nouveau prosélyte de *Luther*. Le jeune homme fuit, saisi d'horreur : mais toutes les avenues sont fermées. Partout se montrent les croix blanches des assassins. Partout retentissent les litanies, et les blasphèmes, et les cris des mourans, qu'interrompent les coups d'arquebuse. Il est entraîné par le torrent populaire : « Tue, tue ! courez sus « aux hérétiques ! » Et la populace répète en hurlant ce cri de mort.

On entraîne une autre victime : Le jeune homme approche et reconnaît les restes défigurés du savant Grollot, bailli d'Orléans, et attaché, comme Calliste, à la nouvelle croyance. Jetés dans la Seine, les deux cadavres flottent jusqu'au pied du Louvre. Là, disent les historiens du temps(*), une digue s'était formée des monceaux de cadavres. Les débris de ces malheureux arrêtent le cours des ondes; poussés, repoussés par elles; les mains jointes sur leurs blessures; les yeux encore ouverts, et les lèvres tremblantes au sein de la mort; ils semblaient prier et appeler la vengeance divine sur ce palais, orné de guirlandes, et où des courtisans vêtus comme des femmes, calculaient le produit des massacres qu'ils avaient depuis long-temps préparés.

Auguste de Thou (c'est de lui que je viens de parler) atteignait à peine sa vingtième année, lorsque une si terrible scène ouvrit à ses regards le théâtre sanglant de son époque. La Saint-Barthélemy ! quelle leçon ! quel souvenir ! Il n'oubliera point cette matinée fatale : cette heure lui révélera un siècle.

Suivons-le dans sa fuite précipitée, à travers ces rues où

(*) *V.* Théodore de Bèze et d'Aubigné.

se reproduisent toutes les variétés du meurtre. Il regagne sa paisible solitude (*); il s'y enferme; il s'y cache à la lumière du jour. Une semaine s'écoule. Le carnage cesse. Il a quitté sa demeure; il veut respirer un air plus pur. Déja franchissant les remparts d'une ville souillée par tant d'horreurs, il laisse derrière lui la dernière enceinte de Paris. Quel est ce nouvel objet d'épouvante? Pourquoi ce brâsier, cette flamme, cette chaîne d'airain qui suspend et balance au gré des vents un débris mutilé, sans formes et sans nom? Les malédictions du peuple l'insultent encore. C'est donc là Coligny! Voilà ce chef de parti qui fut vertueux : plus grand dans les revers que les conquérans dans le triomphe : d'une fermeté romaine, d'une candeur et d'une vertu dignes des premiers chrétiens : citoyen magnanime, jeté par sa loyauté dans les bras de ses ennemis, qui le séduisirent par leurs caresses et le frappèrent de leurs poignards.

Auguste de Thou, dans un âge avancé, devenu l'un des hommes d'état les plus influens de cette époque, se rappelait avec émotion un si affreux spectacle. « Il me remplit de dou-
« leur, dit-il dans ses Mémoires; ce souvenir est présent à
« ma pensée. Tant de gloire et tant de honte! tant de vertu
« et d'opprobre! je ne pouvais retenir mes larmes (**) ! »

Sèche ces larmes généreuses, jeune homme destiné à venger Coligny! Tu seras l'historien de ton siècle; et ces nobles émotions ne seront point stériles. Ce n'est pas en vain que tous les forfaits de ton temps se sont réunis pour te frapper

---

(*) Voir, pour la suite de ce récit les Mémoires d'Auguste de Thou, L. III.
(**) Mém. d'A. de Thou, L. III.

I.

d'horreur. On te verra fuir cette religion de la haine, qu'ont adoptée des barbares, et embrasser la foi pure, la religion d'amour et de vérité (*)! Fidèle au trône, dans un siècle de révolte et de dissensions, tu n'approcheras des cours, arène de tumulte et d'intrigues, que pour remplir tous les devoirs en défendant toutes les libertés. Ton siècle sera ton étude. Tu prépareras les accusations et la justice de l'avenir. On te nommera le père de l'histoire moderne. Le philosophe suivra, avec intérêt, la marche et pour ainsi dire l'éducation de ton génie : il observera cette destinée si honorable, jaillissant, si je puis m'exprimer ainsi, d'une profonde émotion de ta jeunesse. Enfin, lorsque deux siècles auront passé sur ta cendre et que l'étoile des Valois se sera éteinte, que le souvenir des Guises se sera effacé, ton nom s'élèvera brillant, et planera sur les ruines des ambitions et des grandeurs du seizième siècle. Tu mériteras qu'une Académie, dépositaire des connaissances, chez le peuple qui domine l'Europe par les lumières, demande, non un panégyrique, mais une exacte appréciation de ton caractère, de tes talents et de tes vertus.

Les idées ont fait la révolution du dix-huitième siècle. Les croyances avaient fait celle du seizième. Depuis huit cents ans le monde civilisé obéissait aux institutions chrétiennes. La pensée religieuse était devenue la souveraine invisible des peuples : c'est dans le ciel, au pied du trône de Dieu, qu'était fixée l'ancre qui retenait les sociétés. On avait vu les rois faire pénitence; des moines sans lettres conserver le dépôt des lettres; le monde chrétien reconnaître, dans la

---

(*) Ἀληθεύειν ἐν ἀγάπῃ. (St.-Évang.)

personne des papes, des médiateurs entre les hommes et l'Éternel; l'Europe s'ébranler, saisir la croix et se jeter sur l'Orient infidèle ; de grands maux, de grands biens signaler le règne d'une foi illimitée; l'esprit humain, dans l'ignorance de lui-même, se livrer à une exaltation sans frein, et passer en un moment des pensées sublimes aux préjugés absurdes, des folies magnanimes aux folies barbares.

Il s'éveille au quinzième siècle et cherche à se connaître. Le combat s'établit entre les croyances antiques et les premiers efforts de la pensée. Luther parle : il est l'apôtre du Nord. Une armée de novateurs, plus hardis que le maître, s'élance sur ses pas. On dispute, on s'égorge. On prétend épurer la religion, non par des œuvres, mais par des doctrines : on veut protéger Dieu par des crimes (*)!

Tous les droits et tous les devoirs se confondent : les puissances qui se croient en danger appellent à leur secours les bourreaux : ils font des martyrs; les martyrs ont conquis des prosélytes. En France même, où les dogmes nouveaux avaient été accueillis avec indifférence, quelques hérétiques persécutés propagent l'hérésie. Partout l'indépendance chrétienne pousse un cri de guerre; et l'esprit de révolte, joint au fanatisme, se répand dans le peuple.

La politique, autre reine de cette époque, mais une fausse et barbare politique, veillait pour profiter de ces fureurs, et forgeait dans les cabinets de marbre les crimes des places publiques. Depuis que la noblesse française avait rapporté des cités de l'Italie ces germes de perfidie et de corruption, les complots et les assassinats avaient déshonoré nos mœurs

---

(*) St.-Athanase. — *Ils protègent l'Éternel par des crimes.*

grossières. Les femmes intriguaient dans les cours : toutes les ruses, toutes les débauches se cachaient sous la pourpre. L'Italie, dévastée par nos armes, s'était vengée en nous associant à ses vices.

Le peuple murmure, les impôts s'accroissent, le trésor s'épuise. On cabale, on s'inquiète, on s'agite. Henri II règne, il sème le premier désordre politique; et incapable d'arrêter les progrès du mal, il abandonne le sceptre à qui l'en veut délivrer. Une famille ambitieuse s'empresse de le saisir : le roi disparaît devant elle; et à sa mort les Guises recueillent le pouvoir comme un héritage.

C'est alors que la veuve de Henri, forcée de recevoir, en tremblant, leurs hommages, s'entoure d'ambitieux, les excite aux combats, et croit assurer son repos en déchaînant leurs haines. La conspiration d'Amboise prélude aux longs malheurs de la France. Sur deux bannières teintes de sang, déja le nom du Christ est profané. Un fantôme de prince passe sur le trône, et meurt sans connaître ses malheurs, ses dangers, ni ses droits. De redoutables caractères, fils des révolutions et qui les nourrissent, se présentent et se combattent: la France est déchirée : deux états se forment dans l'état. Le trône est sans poids; le peuple sans mœurs. Et pendant que la cour ne cesse de passer, avec une incroyable imprudence, de la force à la ruse, de la ruse au meurtre, de la paix jurée à la trahison, de la trahison à une paix nouvelle : un mauvais génie, enseveli dans l'Escurial, puise, dans l'Amérique nouvellement conquise, les trésors qu'il jette sur la France, où il solde la guerre civile.

Trois fois elle s'était assoupie, pour se relever chaque fois plus terrible. Le calvinisme semblait s'accroître de ses pertes;

et Charles IX s'élevait sous les yeux de sa mère. Une fureur sombre l'a saisi : un grand crime se cache dans cette âme, née peut-être pour la vertu. Le tocsin fatal a sonné.

Tels sont les grands traits historiques que l'on distingue avec effroi, dans ce temps si malheureux pour la France, où s'élevait la maladive jeunesse d'Auguste de Thou. Il naquit faible et souffrant, la même année qui vit naître Henri IV, dans les montagnes du Béarn (*). Ses parens s'étonnaient de le conserver : toujours malade, il n'eut point de maîtres. Il dut peut-être à une santé débile le bonheur d'échapper à cette éducation du pédantisme, si commune alors, et en tout temps meurtrière du génie.

Des exemples de simplicité, de loyauté, de vertu, s'offraient à lui, dans sa famille, qui honorait depuis long-temps la magistrature. Elle se distinguait par l'austérité de mœurs, dans un siècle à peine échappé à la barbarie. Christophe de Thou, père de l'historien, est le premier citoyen de Paris qui ait fait faire un carrosse; mais il l'enfermait soigneusement chez lui, comme un produit curieux d'une industrie nouvelle. Sa femme, Jacqueline de Tully, célèbre dans les mémoires du temps, par la mâle gravité de son caractère, avait coutume de monter en croupe derrière un laquais de la maison, lorsqu'elle rendait ses visites. S'agissait-il d'un plus long voyage ? On préparait un lit de paille sur une de ces voitures de campagne, qu'il me sera permis d'appeler par son nom, sur une charrette : et c'était dans cet équipage que la femme du premier président du parlement de Paris se rendait à sa maison des champs.

(*) 1573.

Ces mœurs simples n'exciteront pas même le sourire, si l'on pense aux actions généreuses qui consacrent les annales de cette famille, à ce même Christophe de Thou, défenseur d'Anne Dubourg et sauveur de Henri IV; à ses deux frères, l'un évêque de Chartres, qui resta fidèle au bon roi, foudroyé par Sixte-Quint, tandis que l'autre, dont le dévouement héroïque était digne d'être chanté par Voltaire, suivit d'un pas si intrépide le président de Harlay, traîné à la Bastille par les ligueurs.

Auguste de Thou, abandonné à lui-même, se livre en liberté à ses premiers goûts. Les élémens du dessin amusent son enfance : on ne songe qu'à le distraire ; et dès l'âge de six ans, son intelligence se développe dans une organisation si fragile. Son père le conduit alors à ce fameux tournoi, où Henri II devait périr sous la main imprudente de Montgoméry : premier événement tragique, qui semblait annoncer tant d'autres jeux cruels de la fortune.

Devant ce faible enfant, dont l'esprit s'éveille, pour ainsi dire, au bruit naissant des orages qu'il doit peindre, s'ouvre l'enceinte destinée à ce simulacre de combat, dernier vestige d'une chevalerie expirante. Il promène un regard, plein d'un étonnement enfantin, sur ces chevaliers, ces prêtres, ces courtisans, ces femmes qui représentent leur siècle et sont l'avenir de leur patrie. Son père lui indique le monarque dont la brillante armure ne le protégera point contre la mort : esclave d'une femme; paré des couleurs de la maîtresse de son père, il baignera cette arène d'un sang qu'il eût dû réserver pour d'autres combats.

Les deux jeunes princes, assis aux pieds de leur mère, seront Henri III et Charles IX : l'un, par le luxe efféminé de ses vêtemens, annonce déja ces mœurs dissolues qui aviliront la majesté royale : l'autre, que néglige sa mère, brusque et farouche, n'a pas reçu d'elle les leçons qui deviendront si fatales à sa mémoire. Le débile héritier du trône porte à ces fêtes des traits décolorés, où déja la mort est empreinte ; et près de lui, dans tout l'éclat de ses charmes, brille sa jeune épouse, ignorante et des malheurs et des fautes que sa destinée lui réserve. C'est Marie Stuart : sur un front si pur, dans des yeux si beaux, qui pourrait lire un avenir sanglant, chargé de honte et d'infortune ?

Ce juge du camp est Montmorency ; homme que l'on pourrait nommer grand, s'il avait plus de vertus. A la simplicité de leur costume vous pouvez distinguer les secrets partisans de la réforme. Appuyé sur ses armes, le front calme et sévère, le regard mélancolique, ce guerrier est Coligny : Dandelot, son frère, son ami, est à ses côtés et ne le quittera qu'à la mort.

Environné d'une foule empressée de saluer sa fortune, l'un des Guises déploie toute la magnificence de ses habits pontificaux et toute la pompe de son arrogance. Non loin de là est un homme sur lequel tous les regards sont fixés. Quel est-il ce guerrier, dont le sourire séduit, dont la majesté impose, dont l'air chevaleresque étonne ? Quelle destinée plane sur ce front héroïque, qu'ombrage un panache étincelant de pierreries ? C'est le plus redoutable des membres de cette famille qui marche vers le trône. C'est François de Guise.

Il remplira de son nom quatre règnes ; il éclipsera quatre rois. Il vient de soutenir le trône ; il va l'ébranler. Défenseur de la patrie, il voudra la soumettre à son pouvoir. Coligny, qu'il mesure des yeux, Coligny qu'il respecte, sera son adversaire. Le protestant aura toute la profondeur des vertus, dont le catholique aura tout l'éclat. Guise, sans atteindre au but de son ambition, rappellera le génie, l'audace et l'adresse de César. Sous son rapide coup-d'œil on verra les événements se ranger d'eux-mêmes, comme on verra la fortune fléchir sous l'inébranlable volonté de Coligny, et corriger elle-même, pour ainsi dire, les revers qu'elle avait amenés.

Tous ces personnages périront de mort funeste. La hache, le poignard, le poison, un lit de mort environné de fantômes, leur sont réservés. La seule Catherine de Médicis terminera ses jours dans un âge avancé, et descendra avec calme d'un palais à la tombe : fatale conseillère, reine trop long-temps, et sur laquelle le juste anathème de l'histoire rejette presque tous les malheurs de cette époque. Femme équivoque, la mobilité de ses vices semblera la dérober à la justice de l'histoire : âme légère, mêlant l'atrocité aux caprices d'un caractère frivole : esprit versatile, et incapable de constance dans les mêmes crimes, quoique capable de les essayer tous; sans force dans ses violences, et perfide sans fruit. Bientôt son ambitieuse inquiétude va s'élancer dans la carrière ouverte par la mort de Henri II. Élève inhabile de Machiavel, égarée dans ses propres ruses, elle ne les accumulera que pour les détruire l'une par l'autre; et dans les ténèbres de sa politique on la verra s'agiter, jusqu'au moment où le pouvoir, isolé au milieu des orages qu'elle aura semés, s'écroulera dans l'abîme où sa race entière ira s'éteindre.

Ainsi, le jeune de Thou assistait pour ainsi dire à la formation des événements qu'il devait peindre. Quittons un moment ces caractères, et observons le siècle qui les fit naître. Demandons à l'étude de l'histoire, pourquoi tant de personnages, grands ou redoutables, sortirent à-la-fois de la même époque. Quel siècle! que de mouvemens! quel spectacle!

C'était le temps marqué pour une révolution des idées, des coutumes et des empires. La société renaissait, et ses agitations convulsives annonçaient que de ses flancs déchirés un nouveau monde allait sortir. Tout se métamorphose : l'ancien ordre social paraît s'engloutir, et des institutions auparavant inconnues naissent pour le remplacer.

Long-temps l'Europe avait gémi sous le poids des ténèbres gothiques ; mais l'Océan ouvert par le boussole, une mobile empreinte perpétuant la pensée, les connaissances humaines et l'expérience des temps devenues impérissables, le monde mieux connu, l'industrie plus active chaque jour, les arts cultivés, les sciences renaissantes, avaient versé au milieu des mœurs barbares une lumière imprévue. C'en est fait : l'esprit humain s'agite à ces clartés. Colomb aggrandit le monde : Galilée reforme le ciel : Luther bouleverse l'église.

La seule révolution des idées au dix-huitième siècle est comparable à ce grand spectacle. L'imagination elle-même s'effraie de ces terribles mouvements. Les peuples s'agitent, les sceptres se brisent, les autels tombent, les couronnes passent d'une tête sur une autre ; une fièvre ardente a saisi l'Europe. L'Égypte, le Portugal, la Suède changent de maîtres. La nature humaine, secouée dans tous les sens, si j'ose employer ici l'expression de Montaigne, produit en foule des caractères grands ou terribles. On voit paraître Philippe II, Léon X, Henri VIII, Elisabeth, Sixte-Quint, Vasa, Soliman,

Basilowitz ; rois aussi étonnants que leur siècle : et plus prodigieux encore, trois hommes; Luther, Colomb et Copernic.

De Thou fut placé au milieu de ce grand tableau pour l'observer et le peindre. Sa première jeunesse fut témoin du développement de ces troubles civils qui devaient agiter cruellement son pays. C'était un enfant livré à lui-même, plus sensible que vif, et plus avide de spectacles que de plaisirs. Un penchant secret, un attrait invincible l'entraînait vers les hommes que distinguait la supériorité du talent et de la pensée. A seize ans il connaît Ronsard, et bientôt Adrien Turnèbe, Belleau, Budé, Baïf, Desportes, Passerat, sont ses amis. Il entend parler de Cujas, le roi de la jurisprudence, l'Hercule du Digeste, le docteur, qui, par vingt années de patience et de travaux, a débrouillé le chaos des lois, éclairci l'amas confus des définitions et des préambules. Les docteurs d'Allemagne le nommaient le *sublime*; et l'on ne prononçait son nom que le bonnet à la main (1). Le jeune Auguste de Thou va trouver ce grand personnage, qui tenait son école à Vienne en Dauphiné, où demeurait aussi Scaliger. Il devient l'ami de tous les deux; et ne s'arrache à leur commerce que pour revenir à Paris, où le rappelait son père. Les protestants trompés accouraient aux noces de Henri IV; et déja se préparaient ces livrées de fêtes, *livrées sanglantes*, comme l'avait prédit le père du grand Sully.

Quelle impression dut produire le dénouement épouvantable de ce drame, annoncé par tant d'allégresse et de jeux ! De quelle terreur dut-il frapper un jeune homme candide,

---

(1) V. Hotman.

rempli d'humanité, de simplicité et de compassion ! Ces deux cadavres jetés sous ses pas, ce tronc informe de Coligny, changent ses résolutions et décident de sa vie. Il ne laissera ni ces bourreaux impunis, ni ces victimes sans vengeance. Déja il met en ordre les documents épars qu'il a recueillis, depuis sa jeunesse, sur l'histoire de son temps : et pour préparer mieux encore ce grand dessein qui sera la pensée de toute sa vie, il s'empresse de suivre en Italie le Cardinal d'Ossat, ambassadeur de Charles IX.

Nouvel objet d'étonnement et d'études. De l'Italie, comme d'un foyer, étaient sortis les vices et les lumières, qui avaient éveillé l'Europe en la corrompant. Là se préparait la gloire du Tasse, dont la voix mélodieuse devait bientôt retentir du pied de l'Apennin aux rives de l'Archipel. Là viennent de mourir, l'Arioste, le magicien de la poésie; et Machiavel, qui a laissé sur son passage une trace profonde et funeste. Là, s'enrichissait des recherches de Vésale, Fallope, Mathiole, Aldrovande, la connaissance jusqu'alors imparfaite de la nature: là s'élevait le Vatican ; et la Vénus de Praxitèle, du sein des ruines du moyen-âge, semblait renaître pour inspirer Raphaël, qui devait embellir encore d'une pudeur chrétienne, et d'une grâce angélique, ce modèle de la beauté.

Le jeune voyageur puise avec transport à cette source des arts et du génie : son retour en France est suivi d'une longue retraite, pendant laquelle il approfondit l'étude des lois de sa patrie. Une occasion nouvelle se présente : il la saisit et va en Belgique recueillir d'autres lumières sur une époque si féconde en révolutions et en désastres.

Là régnait ce duc d'Albe, digne représentant de son

maître. Dans cette Belgique, où le sang d'Egmont fumait encore, quelques bourgeois ignorants opposaient leur courage et leur pauvreté à la toute-puissance du fils de Charles-Quint, armé de fer et d'or, ces deux leviers des empires. En vain le monarque le plus redoutable des deux mondes essaie de traîner à son char ces hommes simples et vertueux. Le prince d'Orange, que l'on peut nommer le Washington de son siècle, rendra bientôt son humiliation complète. Tout est révolte, horreur et trouble, au sein de ce pays que de Thou est forcé de quitter. Les communications sont interrompues par les orages politiques. Il ne peut aller visiter ni l'Angleterre gouvernée par Élisabeth; ni la Hollande où quelques pauvres habitants d'un marais donnent un si grand exemple de la puissance des hommes, quand ils s'unissent, pour de grands desseins, avec de simples vertus : république de pêcheurs, qui, détachée de la confédération belgique, lancera sur les mers son pavillon, signe d'indépendance et de conquête.

Quelques voyages, ou plutôt de rapides courses sur les frontières de l'Allemagne, terminent l'éducation historique du jeune Auguste de Thou. Il revient se fixer en France, après avoir parcouru les deux contrées les plus intéressantes qu'offrît alors cette société qui se brisait pour se régénérer. Il a, pendant ses voyages, consulté les musées, écouté les artistes, observé la nature, visité les champs de bataille, conversé avec le peuple, discuté avec les savants.

Riche de ces trésors, et profondément versé dans l'étude des lois françaises, il est reçu membre du parlement : ses amis le forcent d'accepter cet honneur, et il sort triomphant, malgré une excessive modestie, de l'examen qu'il a dû subir. Une voix sortie des bancs des enquêtes prononce à haute voix cette prophétie : « Ce clerc deviendra un grand homme (*) ! »

Mais depuis la Saint-Barthélemy les événements se sont pressés : la ligue est née; la ligue, union de toutes les passions criminelles exaltées et servies par le fanatisme. Guise est mort, comme Coligny, sous le poignard d'un assassin. Son fils lui succède : ambitieux comme son père; mais son ambition plus déliée, se distingue par d'autres nuances. Le calvinisme s'élève comme un colosse, du sein des flots du sang calviniste. Le déserteur du trône de Pologne, Henri III, qui a répudié un peuple qui l'adoptait; Henri III s'endort sur un trône sans base : à peine les foudres des partis peuvent-elles le faire sortir de sa léthargie. Roi trop avili, qu'une grande finesse d'esprit ne garantit d'aucune faiblesse, il refuse la paix nécessaire, commet les crimes inutiles, désavoue les fautes avérées, et ne voit pas cette formidable union, qui veille à côté de lui, prête à lui enlever la couronne, et montrant déjà au peuple séduit, dans la personne de Henri de Guise, le défenseur du vieux culte, le futur modérateur des impôts et l'élu de Dieu même.

La conduite politique d'Auguste de Thou fut celle d'un bon citoyen : son attachement à une cour immorale naissait, non des désirs d'une ambition avide, mais d'un profond sentiment de l'ordre et du devoir. La moralité des peuples semblait éteinte. Jeannin servait la ligue. Sully et Mornay étaient calvinistes. L'étranger conspirait dans les

---

(*) V. ses Mémoires, liv. IV.

places publiques : la révolte était en permanence dans les églises. Le seul palladium des libertés, le dernier point de ralliement des gens de bien, le trône, battu de tant d'orages, et dont l'infortune n'est honorée par aucune résolution magnanime : le trône dont les derniers défenseurs ont tout à craindre, trouve en lui, non un satellite ou un esclave aveugle, mais un défenseur fidèle qui se dévoue à ses devoirs, comme un romain à sa patrie.

Chargé de rendre la justice dans le Midi de la France, il continue à mêler, aux occupations de sa place, l'étude de son siècle. Il parcourt ces provinces, couvertes de sang et de ruines; observe les hommes; prélude au tableau de tant d'horreurs, en approfondissant tous les caractères singuliers qui s'offrent à ses yeux, comme un peintre d'histoire commence par tracer des portraits : il réconcilie des ennemis; accomplit des négociations épineuses; ose consoler les misérables : ne craint pas de s'arrêter chez les hommes disgraciés par la cour (*) ; enfin, médiateur toujours heureux, pour une autorité en ruines, il n'épargne ni dévouement, ni fatigues, et porte dans ces détours compliqués d'une politique pleine de ruses, une candeur, une droiture qu'une politique plus habile adoptera sans doute un jour.

Les longs détails de ses ambassades, souvent plus difficiles qu'importantes, rempliraient un volume. Cependant la mort de son père le rappelle à Paris. Dans ce foyer de toutes les ambitions et de toutes les corruptions, règnent seize hommes populaires, qui ont juré de périr ou de ruiner l'état : leur glaive est suspendu sur les magistrats encore

---

(*) Chez De Simié, disgracié par Henri III.

fidèles au prince. Le parlement, inébranlable dans sa loyauté, voit briller autour de lui les poignards; c'est alors que de Thou accepte la charge de président du parlement, honorée par son père et son aïeul, et devenue plus glorieuse encore, puisqu'elle devient un titre de proscription.

Henri III a combattu le Béarnais, son allié naturel. Ses favoris couverts d'or sont tombés sous le fer des soldats de Crillon et de Lanoue. Les protestants l'ont vaincu; les ligueurs vont l'écraser. La fortune paraît s'offrir à Henri de Guise : il entre à Paris, comme en triomphe; et le roi, qui vient lui disputer sa capitale, rencontre dans ce chef de factieux, un souverain plus puissant que lui. Là se place le bizarre tableau, auquel l'histoire a conservé le nom de ces barricades, fortifications improvisées, piéges populaires où les soldats du roi sont forcés de déposer leurs armes devant les séditieux.

Du Louvre, où frémit de crainte une cour incapable de résolution; à l'hôtel de Guise, d'où cet homme habile dirige les mouvements du peuple, de Thou, malgré les dangers attachés à sa place et à son nom, ne cesse de porter ses pas et ses conseils, dont la sagesse n'est pas écoutée. Il affronte la mort partout présente, et traverse plusieurs fois Paris, sans armes, sans escorte, arrêté à chaque instant par les obstacles préparés à dessein, et par les cris des furieux. Il rapporte dans ses foyers la douleur d'avoir vu ses efforts sans succès. Mais qui eût pu s'attendre au dernier résultat de tant de troubles? Guise, que la faveur publique nomme déjà roi de France, commande au Louvre comme à Paris : infidèle à sa fortune, à son audace, et si je l'ose dire, à son crime; trop lent à suivre les impulsions de la destinée, le rebelle rend le sceptre à Henri III, qu'il allait détrôner. Une main mystérieuse semble arrêter l'usurpateur devant l'objet de tous ses vœux, et lui défendre d'aller plus loin.

L'histoire offre peu de caractères aussi problématiques que celui du second des Guise. Souverain des catholiques, et dominé par l'influence étrangère, il veut être roi, il sait être esclave : aussi brillant et moins magnanime, aussi courageux et plus souple que son père ; plus habile dans l'art de séduire, que dans l'art de mettre à profit la séduction ; défiant de ses égaux, et leur prodiguant les caresses ; populaire par intérêt et non par goût; assez téméraire pour humilier un roi ; assez imprudent pour se contenter de l'avoir humilié ; il prépare sa fortune et ne sait pas l'employer ; perd un temps précieux à essayer le diadême, au lieu de le saisir.

Pendant que ce sujet, trop grand pour la monarchie, trop généreux après avoir été si coupable, jouit insolemment d'un pouvoir qui lui sera bientôt arraché, Henri III se réfugie à Chartres. Auguste de Thou suit le monarque malheureux, et repart bientôt pour lui ménager un asyle en Normandie; il réussit, après avoir affronté des périls de tout genre. Pour récompense de cet éminent service, nommé conseiller d'état, il se rend à Blois, où se prépare cette assemblée des États, inutile remède aux maux de la France, et célèbre par une grande catastrophe, l'assassinat de Henri de Guise.

La fortune d'Auguste de Thou est presque détruite par les rebelles; sa maison pillée : son patrimoine s'écoule et disparaît au milieu de ces voyages coûteux, et de ces missions multipliées. Sa femme, qui ne l'a pas accompagné, est exposée à mille dangers. Guise profite de ces malheurs domestiques, pour tenter auprès du nouveau conseiller d'état d'inutiles séductions. Mais ses premiers efforts lui prouvent qu'il a trop présumé de sa puissance; et le chef de parti a trop d'adresse pour les renouveler auprès d'un homme qui les accueille par le silence et le dédain.

Un soir, dans les galeries du palais, sous une voûte peu éclairée (*), de Thou, qui allait demander congé au roi, le rencontre; Henri saisit sa main, veut lui parler. Un secret paraît vouloir s'échapper de sa bouche. Les paroles confuses, les termes vagues d'une conversation ordinaire s'échappent de ses lèvres, il hésite long-temps; il lutte entre le besoin de révéler un terrible mystère, et la crainte que lui inspire cette conscience pure qu'il va épouvanter. Il quitte brusquement de Thou. Trois jours après, Guise était mort; il était roi, si le poignard ne l'eût frappé.

Mais à peine son sang a-t-il coulé sur les lambris du palais, qu'un long cri de vengeance sort des églises, des couvens, des conciliabules de la ligue: tout s'arme, tout s'émeut. Du pied des autels s'élève son fantôme sanglant. Les prêtres enflamment les esprits. Auguste de Thou, qui ignore le crime, se trouvait alors à Paris. Les plus grands dangers sont le prix de sa fidélité : on le soupçonne d'avoir trempé dans le meurtre. On cite sa conversation avec le roi. « Il n'est « à Paris, dit-on, que pour diriger les manœuvres de la cour, « et avertir les amis du roi de la mort de Guise. » On le poursuit; il fuit, la nuit, de maison en maison. Sa femme est conduite à la Bastille. Un de ces hommes qui, du dernier rang de la société, s'élèvent dans les révolutions, et se font une puissance de la grossièreté de leurs mœurs et de leur propre

---

(*) Voir, pour ce récit, les Mémoires d'A. de Thou, L. IV.

bassesse, le savetier Larue le cherche, le poignard à la main, jusque dans son hôtel, qu'il a quitté. Alors des hommes généreux, auxquels l'esprit de faction n'avait pas arraché tout sentiment d'humanité, protégèrent de Thou et sa femme; et sous les habits d'un soldat de la ligue et d'une villageoise, ils parvinrent à s'évader par des routes différentes.

Il suit la fortune de son roi; malade, et plus abattu par le sentiment de sa détresse et de sa honte que par la douleur physique, Henri III gardait le lit : autour de sa couche se tenaient, en silence, ces lâches courtisans, dont les conseils l'avaient perdu. Un seul parti lui restait à prendre. Tout lui commandait une alliance avec le Béarnais, dont la petite armée devenait une puissance. Mais comment reconnaître sa propre faiblesse? comment oublier les plaies de Coutras? Cette ame pusillanime n'osait s'honorer, en unissant les débris de sa fortune à celle d'un homme qui l'écrasait déja de sa grandeur naissante, et dont les armes l'avaient vaincu.

De Thou accourt; il parle, et sa naïve éloquence, en décidant le monarque, en combattant et renversant ses scrupules, aide, pour ainsi dire, le premier pas de notre Henri IV vers le trône. Le roi qui a ordonné le meurtre de Guise, et le chef des hérétiques, unissent leurs drapeaux ennemis. Après ce nouveau service, également utile au roi, au Béarnais et à la France, il repart, va négocier à Gênes avec Schomberg, un emprunt d'argent et d'hommes; échappe par un long détour aux périls et aux embûches dont la route est couverte. Il est à Venise lorsqu'il apprend quels événements nouveaux ont préparé le dénoûment prochain de tant de troubles. Paris assiégé a envoyé un moine assassin au moins redoutable des deux princes. Henri III n'est plus.

Cependant la ligue manque d'un point central; elle se débat et se déchire. Mayenne, le plus irrésolu des Guise est le chef trop faible de ce grand corps divisé : Henri IV paraît. Henri IV, que je vais enfin nommer roi, entr'ouvre et brise, avec l'épée, ces nœuds inextricables. La haine cède à la bonté, comme la politique cède à son génie. La ligue est rompue; il l'étonne, la blesse, la dissipe; force l'Europe à le secourir; maintient son armée; combat, s'expose, parle, séduit, négocie, écrase, pardonne, se rit des foudres du Vatican, refoule jusque dans son palais la tyrannie et l'intrigue de Philippe II, se convertit, règne, éteint les factions et pacifie la France; on l'adore, dix ans se passent, on l'assassine.

Pendant le règne trop court de Henri IV, dont le souvenir est devenu un culte, d'autres faits non moins remarquables remplirent la vie politique d'Auguste de Thou. Après avoir échappé au naufrage sur le lac de Garda, il passe par la Suisse, et revient auprès de Henri IV lui donner des secours, des conseils, des trésors. Le premier, il lui conseille cette abjuration qui devait terminer une carrière pleine de dangers. De Thou, associé dans plusieurs négociations au duc de Sully, justifie le choix du monarque : les deux hommes d'état les plus honnêtes du royaume, contribuèrent à la pacification de la Normandie, à la conclusion du traité avec le duc de Mercœur; enfin, par la rédaction et la publication de l'édit de Nantes, cicatrisèrent toutes les vieilles plaies du fanatisme.

Trente-huit années de guerres civiles se terminent : le gouffre se ferme; et l'acte solennel qui pose le *sceau de l'abîme,* comme il est dit dans l'Écriture, c'est Auguste de Thou qui le rédige. L'histoire, ingrate comme les hommes, n'a pas assez fait retentir ce droit à la gloire, ce beau titre d'Auguste de Thou à la reconnaissance des peuples. Le talent qui détruit, occupe ses pages; le talent qui sauve, n'obtient que son silence.

Le bon roi, en déposant les dogmes de Calvin sur les marches du trône, n'avait point acquis un pouvoir entier et paisible. Les passions et les partis ne s'endorment pas ainsi. Les fanatiques déchaînèrent contre lui un Jean Châtel, qui de son poignard cherchait la place de ce noble cœur : ce fut de Thou, plus attaché aux lois à mesure que l'horreur des temps en éloignait davantage l'idée, qui arracha ce misérable à l'inique justice du grand-prévôt, et obtint qu'il serait jugé par le parlement.

Cependant les protestants murmuraient; ils conspiraient même contre leur roi, leur sauveur et leur père; ils conspiraient par leur silence, leur inaction, leur apathie. Leurs sourdes menaces, du fond des provinces où ils se tenaient cachés, parvenaient jusqu'au trône. Henri IV choisit pour députés auprès de ces nouveaux rebelles, qui avaient été ses amis, Jeannin, le dernier ami de Mayenne; Calignon, ministre de leur église, Schomberg et de Thou : de Thou, l'esprit le plus éminemment conciliateur, parce qu'il comprenait toutes les idées sans se mêler à aucune passion.

Une sagesse profonde et des soins infinis concilient tous les intérêts : on cède beaucoup aux anciens amis du roi : l'édit de Nantes est rédigé : mais ce n'est pas tout. L'exécution des vues pacifiques du monarque et de ses ministres devait trouver de grands obstacles. Un parlement opposé à toutes les innovations, les gémissements du clergé, le fanatisme qui n'était pas éteint chez le peuple, tout semblait repousser cette loi, de laquelle dépendait le salut de la France.

Plaçons-nous au milieu de la scène qu'offrait le parlement, lorsque l'édit de Nantes lui fut présenté. Des personnages bizarres et redoutables le composent : ici les derniers partisans de la ligue préparés à combattre l'équité par des ruses, et à jeter des entraves dans la discussion : des dévots qui regardent comme un point de conscience l'anéantissement du calvinisme : des hommes austères qui craignent que le monarque pacificateur ne renverse d'un seul coup toutes les vieilles lois du royaume : des pédants qui viennent de dérouiller leur armes et de fouiller dans les arsenaux théologiques, pour trouver des raisons contre la raison, et des arguments contre l'humanité : enfin, le front calme et riant, le vainqueur d'Ivry, d'Aumale, de Coutras, de Fontaine-Française, « venant, non point en habit royal, ni avec « l'épée et la cape, ni comme un prince qui reçoit des am- « bassadeurs, mais comme un père de famille en pourpoint, « qui cause avec ses enfants bonnement et simplement sur « les affaires domestiques ».

Auguste de Thou, rédacteur de l'édit, est chargé d'en développer les motifs, d'en défendre les clauses. L'éloquence qu'il déploie suffit à peine : c'est la vérité qu'il protège; c'est cette vérité sainte qui prête de la force à ses accents, et donne un charme invincible à la lumineuse netteté des preuves qu'il apporte. Cependant on résiste. Des clameurs s'élèvent contre cette loi de tolérance. Les arguments de sa raison demeurent stériles : l'esprit de parti, le préjugé, l'intérêt leur opposent, si j'ose parler ainsi, une masse inerte, contre laquelle les foudres mêmes de l'éloquence vont tomber sans rejaillir, et s'éteignent d'elles-mêmes. La doctrine de l'inquisition retentit dans le parlement : on accumule les citations pour étouffer les cris de la conscience : on soulève le passé contre la justice prévoyante de Henri IV. A ce torrent de paroles et de menaces, à ces interprétations de l'Écriture et des Pères, les esprits faibles ne résistent pas; le courage des amis de Henri IV chancelle. De Thou prend la parole :

« Vous citez l'histoire de l'église; vous apportez des exem-
« ples de cruauté et de fureur. Verser tout le sang hérétique
« vous semble juste : donner la paix à la chrétienté, est pour
« vous une affaire de peu de prix. Ah ! vous ne vous souvenez
« donc pas de ce voyage du pape Jean Ier, qui alla lui-
« même prier pour les hérétiques, et demander, à genoux,
« à Valentinien, au nom d'un Être miséricordieux et qui
« est toute bonté, parce qu'il est toute puissance, d'épargner
« ces malheureux ! »

A ces mots, à ce spectacle si touchant, d'un évêque primitif de Rome, allant à pied, accompagné d'un consul et d'un patrice, implorer la clémence du souverain, pour ceux qu'une fausse doctrine égarait, les nuages des préjugés s'évanouissent : la raison et la pitié reparaissent : on met l'édit aux voix : il est enregistré.

C'est ainsi que, courtisan malgré lui, de Thou a passé sa vie au milieu des jeux variés et cruels d'une politique immorale. Vainement chercheriez-vous dans ses actions et dans ses mœurs, quelque vestige de la superstition extravagante, de la débauche effrénée, de la dissimulation profonde de Médicis et des Valois. Il ne partagea pas même cette licence de mœurs qui régnait sous Henri IV, emporté par ses passions et qui ne savait triompher *que de sa colère* (*). A ces longs travaux dont nous avons parlé, de Thou joignit ces bonnes actions de citoyen et d'homme, trop souvent dédaignées par ceux dont la destinée est agitée des orages publics. Il sauva l'imprimeur Obsopæus, protestant; appela en France le savant Casaubon; protégea Henri Estienne, que d'ombrageux docteurs voulaient exiler. Des presses de cet imprimeur jaillissait une lumière que redoutaient ces pédants barbares; ils s'épuisaient en efforts pour l'éteindre. Mais la vérité est comme le feu électrique : essayez de l'étouffer : il s'échappe et revole à l'air libre. Une voix fut assez audacieuse pour prendre la défense d'Henri Estienne : « Vous « avez beau faire, disait-elle, un général qui a gagné vingt « batailles et pris cinquante villes, a moins fait pour la « France que n'a fait pour elle cet imprimeur ». Mots vraiment admirables, et qui appartiennent à Auguste de Thou.

Nous avons assisté à la longue préparation de son talent. Observateur de l'Europe, acteur dans le drame confus de nos troubles, magistrat, négociateur, homme de cour, il a rassemblé pendant quinze années les matériaux qui doivent servir à élever ce grand monument. Rien ne l'a distrait de cette résolution que nous avons vue naître dans son âme : ni les caprices d'une politique immorale, ni une attentive préparation des arrêts, ni les crimes du peuple, ni les vices des cours, ni la poudre du greffe, ni la vie aventurière du voyageur, ne l'ont ébranlé dans son dessein. Cette entreprise, formée sous les tocsins de la Saint-Barthélemy, il l'a pour-

---

(*) Mot d'Auguste de Thou.

suivie dans les camps, dans les palais, dans les ambassades, à la lueur des bûchers, au milieu des cris de la populace, dans l'agitation des partis, dans les plaines sanglantes de la Belgique, au sein de Paris révolté.

Cet ouvrage l'isolera parmi ses concitoyens. Avec une nouvelle ère sociale, une nouvelle école historique devait être fondée. Le christianisme, auquel la moderne Europe doit tout, avait préparé par sa douce et charitable doctrine, cette union des peuples, cette république européenne, qui, en changeant les rapports des nations, changea leur histoire. Tant qu'un ou deux peuples écrasèrent le monde ou du moins usurpèrent toute la gloire, les annales de ces peuples ont dû suffire. Il y eut des Hérodote et des Tite-Live. L'historien pensa moins à être vrai qu'à plaire; un historien semblait encore un poète dont les récits plus sévères et plus graves flattaient la vanité nationale : et le vieil Hérodote lisant aux jeux olympiques, sa Clio et son Euterpe, paraissait à ses yeux comme un autre Homère, racontant dans un langage plus simple les gloires de la nouvelle Grèce.

Tel est le système auquel toute l'histoire ancienne fut soumise. Mais quand la doctrine d'une charité universelle, jointe à une grande complication de mouvements politiques, eut effacé le souvenir de cet héroïsme farouche, de ce civisme exalté, qui fondaient la grandeur des sociétés antiques sur l'esclavage du genre humain, l'histoire ancienne périt, en même temps que les sentiments qui l'animaient. Long-temps on ne vit paraître que des chroniques et des annales pieuses. L'histoire ne pouvait renaître sous une autre forme, tant que les nations, isolées et occupées à se déchirer elles-mêmes, ne communiquèrent pas entre elles.

Un homme d'une intelligence vaste et nette, Auguste de Thou, devine le moment fatal où l'Europe aura sa nouvelle histoire : ce moment est celui où tant de causes dont nous avons admiré les effets, vont établir dans ce grand continent un lien de famille. Il ne s'agit plus d'une nation ; il ne faut plus retracer quelques combats. Le devoir de l'historien est de chercher la vérité avec franchise. Il n'est plus le flatteur d'un peuple. Il doit étendre, pour ainsi dire, sur toute l'Europe, un réseau lumineux. L'équilibre entre les pouvoirs a pris naissance : tout change ; et de Thou après quinze années consacrées à l'étude de ce grand mouvement, passe quinze autres années à la reproduire.

Assistez au spectacle immense qu'il dévoile ! Ces caractères que nous avons aperçus à mesure qu'ils se mêlaient à sa propre vie, ces mouvements des partis, ces malheurs de la France, ne sont qu'une faible portion d'une si vaste scène. On y voit l'Amérique dévoiler aux yeux de l'avide Europe son sol vierge et ses mœurs primitives ; et cette terre malheureuse, arrosée du sang des indigènes, boire le sang des conquérants : ici les assassinats et les complots de cette Italie, où la ruse est une habitude des mœurs, et où toutes les ressources de l'esprit sont employées à chercher sans cesse de nouveaux moyens de nuire : là, les révolutions sanglantes de l'Angleterre ; le caprice d'un roi éperdu d'amour, changer la religion de son pays ; la vaste ambition de Charles-Quint, trouver enfin, aux bornes du pouvoir le dégoût du pouvoir et le besoin d'abdiquer le sceptre ; la naissance de la politique profonde et stérile de Philippe II ; les Turcs recommençant à épouvanter l'Europe, et leur orgueil et leurs navires engloutis dans les flots de Lépante, où l'Europe et l'Orient s'entre-choquent sur la mer; Marie Stuart et Jeanne Gray, deux victimes touchantes, l'une de sa vertu, l'autre de ses faiblesses ; les guerres folles et les honteux traités de Henri II; Élisabeth, femme coquette, monarque absolu, et chef de son église; les premiers exploits de Guise; les premiers éclairs de la guerre civile en France; le génie des révolutions, agitant les empires et remuant jusqu'aux états barbaresques; Tripoli devenu république; les troubles de la Norwège et du Danemark; et à l'autre extrémité du monde, les derniers des Incas assassinés; les dogmes religieux déchirant l'Occident de l'Europe; en Espagne, don Carlos et celle qu'il aimait, frappés de mort par un père et un époux; les Arabes se soulevant contre la tyrannie de ce fils de Charles-Quint; ici l'épouvantable duc d'Albe commandant le massacre de Harlem; là, Catherine, docile à ses avis barbares, exécutant la Saint-Barthélemy ; après tant de sang versé comme une onde inutile, la France plus malheureuse et plus divisée que jamais; la fuite, l'arrivée, les fautes, les malheurs de Henri III; Guise tué à Blois; Henri III assassiné; Henri IV roi sans royaume; le Portugal déposant son souverain; le prince d'Orange expiant son héroïsme sous le poignard; la Perse rendue à son intégrité par Schah Abbas; Magellan se préparant à faire le tour du monde; Henri IV s'élevant au pouvoir par la bonté, la force et la vertu; de nouveaux bouleversements en Danemark ; enfin Henri IV devenu roi, et l'esprit de faction quittant la France épuisée d'argent et d'hommes, pour aller causer d'horribles guerres en Asie... Quel tableau ! quelle variété ! quelle scène ! le monde entier y joue son rôle; et l'esprit s'étonne de voir ce grand théâtre, avec tous ses détails, ses acteurs, ses épisodes, ses tragédies et même ses ridicules, s'ouvrir à la voix et sous la main d'un homme. C'est Auguste de Thou.

Cet immense ouvrage, qui reproduit toutes les variations de la société civilisée, depuis 1553 jusqu'en 1607, durée égale à la vie de l'auteur, commence dix années avant sa naissance, et finit dix années avant sa mort. De Thou, arrêté au milieu de son travail, par les ennemis de la vérité, mit un grand intervalle entre la première partie de sa composition, qui se termine au moment où Henri IV saisit les rênes du gouvernement, et la seconde consacrée aux commencements de ce beau règne. Pour nous, jetons un coup d'œil général sur ce grand monument : cherchons à en connaître l'esprit, les caractères distinctifs, le mérite et même les défauts. Ces pages seraient indignes de l'homme qu'elles sont destinées à honorer, si l'écrivain ne cherchait d'abord à être juste, s'il n'enchaînait les ressources et les habitudes de l'éloquence, aux pieds de la statue de la vérité.

« C'est ici, dit le Portugais Nogueyra, en parlant de l'his-
« toire universelle, de toutes les annales humaines, celle qui
« est écrite avec le plus de candeur (*) ». La postérité a ratifié cette sentence : elle renferme le plus bel éloge, et indique avec précision le caractère particulier qui sépare Auguste de Thou des historiens qui écrivirent avant lui. Il est véridique, il est juste ; il a jusqu'aux scrupules de l'équité : forcé de peindre les hommes sous de noires couleurs, il se demande à chaque instant s'il n'exagère pas ; il cherche quelque débris de vertus dans les âmes les plus criminelles ; il condamne les crimes, et veut encore relever la dignité de l'homme.

(*) Voir les Lettres familières d'Aug. de Thou, éd. de Buckley.

Partout il honore ces traces de bonté ou de magnanimité qu'on l'on voit quelque fois apparaître dans la vie des coupables. Henri II, Henri III, Charles IX, sous le pinceau de l'historien, ne sont ni de grands hommes, ni des caractères effroyables; ce sont des rois faibles, trop avides de pouvoir, trop ardents pour le plaisir, trop indiscrètement livrés à des conseils dangereux. Également éloigné de la satire et du panégyrique, il place dans le sanctuaire de l'histoire l'oracle d'une impassible vérité : jamais son esprit ne se laisse emporter à cette exagération, vice commun des esprits débiles, à qui la raison offre trop peu d'espace, et qui se réfugient dans l'excès comme dans un asyle.

Aussi le cardinal de Retz, Voltaire et les esprits les plus pénétrants ont-ils décerné à l'historien de Thou les titres de *judicieux* et de *véridique;* qualités moins brillantes que solides, mais qui ne l'abandonnent jamais dans le cours d'un si long ouvrage. Par suite du même système, dédaignant l'effet, et se refusant à tous ces ornements qui déparent l'histoire au lieu de l'orner, il trace moins des portraits frappants, que des résumés lumineux et simples, qui invitent le lecteur à penser lui-même. Prescrire une opinion, n'est point son devoir. Il ne veut que décrire; il retrace avec franchise les événements et les hommes. « Il ne se charge point, comme dit le Gascon Michel Montaigne, de vous tailler les morceaux. »

Il rapporte les faits, il en appelle à votre justice; semblable en cela à Xénophon et à Plutarque : mais l'avantage demeure souvent à Auguste de Thou, sur ces élèves éloquents des républiques anciennes : ils ont mêlé à leurs plus nobles leçons, les affreuses maximes que l'antiquité avait consacrées.

Notre historien n'a qu'une passion, la justice; une idolâtrie, la vérité; une doctrine, la tolérance.

On peut trouver sans doute, dans la masse d'événements que son histoire universelle embrasse, plusieurs opinions à rectifier, plusieurs faits à éclaircir: l'intelligence humaine a ses bornes. Les parties qui composent l'ouvrage se suivent sans être liées; elle se succèdent par les dates et non par l'enchaînement des pensées. Cette marche peut devenir l'objet d'un reproche fondé : mais, je le demande, quel génie assez puissant eût établi un lien commun et rigoureux, entre tant de récits, et jeté dans les six volumes, qui peuvent à peine contenir un demi-siècle si fertile en catastrophes, l'intérêt simple, l'unité et la liaison du poëme épique?

Telle est l'influence des superstitions généralement répandues, que la justesse de son esprit n'a pas toujours pu se soustraire à leur puissance. Tacite, que les actions vertueuses trouvaient si souvent incrédule, ajoutait foi aux prédictions des astrologues. Auguste de Thou, si pénétrant en politique, voyait dans la comète une flamme messagère des menaces du ciel. Il cède quelquefois aux opinions contemporaines : mais on voit qu'il est désolé d'être forcé de leur céder. Il se propose à lui-même des doutes; il se demande s'il ne serait pas possible d'échapper à des persuasions si communes et si absurdes : rien n'est plus intéressant que ce combat entre sa raison innée et ses opinions acquises.

S'il faut attribuer ces défauts à son siècle, c'est à lui-même qu'appartient l'équité presque divine de ses jugements. De la droiture de son esprit, de la rectitude de sa pensée, naissent cette pureté de style, cette simplicité, cette naïveté du discours, que l'on peut nommer *la bonne-foi du langage*.

sa palette ne manque pas de couleurs vives, mais il ne les prodigue jamais : il se fait remarquer par une netteté extrême, coloris des grands maîtres.

Il écrivait en latin. Comment le français, langue à peine formée alors, lui eût-il offert les éléments de grâce, de force, d'énergie, nécessaires dans un si grand travail ? La langue française sortait de ses langes : elle bégayait encore des *puérilités naïves* (*). De Thou avait besoin de matériaux solides : elle était encore incertaine. Montaigne l'avait enrichie sans la fixer. Marot lui avait prêté de la grâce sans l'épurer. Amyot l'avait employée avec bonheur, sans rien changer à ses formes et à ses tours. Auguste de Thou étudia la langue de Tite-Live; et dans l'imitation de cet historien, imitation qu'il se proposa constamment, il paraît avoir atteint cette diction majestueuse et lucide, ces tours heureux et élégants, qui ont fait admirer l'écrivain de Padoue. Cependant, il semble que l'on trouve moins d'apprêt, d'éloquence, et de lenteur dans son style : tel est du moins le jugement que l'on peut hasarder, si trop fidèle à une coutume de collège, on ose soumettre à la critique les formes d'un idiôme éteint depuis mille années.

Les gens de lettres ou plutôt les savants qui régnaient alors sur la littérature, professaient une vive admiration pour la belle latinité. Le fanatisme avait pénétré jusques dans leurs retraites : il avait changé le culte de Cicéron en une violente idolâtrie. De Thou aurait cru déshonorer la pureté de son style, en introduisant au mileu de ses phrases latines les noms bourgeois de ses contemporains. Il leur

---

(*) Expression de Charron.

donna le droit de cité dans la patrie de Romulus ; il les traduisit tous ; et cette métamorphose, singulière mascarade de mots, jeta souvent de l'obscurité sur ses écrits. Le capitaine *Gaillard* disparut sous le nom de *Jucundus*; et le savant *Chartier* sous celui de *Quadrigarius* (*). Aujourd'hui on peut croire que *Scévole de Ste-Marthe*, qui eut le courage d'écrire six pages in-folio sur une si grave matière, quand il s'agissait d'un grand écrivain et d'un grand siècle, regardait la vie comme un jeu puéril, et le temps comme un objet frivole et sans emploi.

C'est de vérité surtout, de justesse et de justice que brille l'histoire universelle. Quelquefois la marche de l'auteur est lente : il prodigue des détails, et son style, plus clair qu'élevé, conte avec une monotone abondance. Mais si une noble pensée, si le sentiment d'une injustice viennent agiter son âme, au milieu de la narration des faits, son langage se colore, son style s'élève et s'élance; son discours se passionne et se précipite. Contre tous les préjugés de son siècle, il emploie l'éloquence comme une arme de la vertu. La muse historique quitte sa gravité : Némésis vengeresse, elle poursuit les usurpations du sacerdoce, l'hypocrisie cachant les poignards sous des étoles, et menant les processions afin de se dispenser des bonnes-œuvres; la volage férocité du peuple, alimentant les bûchers et les renversant, la vénalité des parlements; toujours prêts à tomber à genoux devant la puissance nouvelle, la vente des charges et la torture.

Lisez les récits de la captivité de Frédéric de Saxe, de la mort de Marie-Stuart, des travaux de Henri IV. Ils sont

---

(*) V. la note à la suite de ce Discours.

remplis de ce mouvement et de cet heureux pathétique, qui naissent sans peine de la vérite, de la vivacité des émotions. Ouvrez la belle dédicace de l'Histoire universelle à Henri IV : la religion et la politique y viennent, comme dans un sanctuaire, témoigner ensemble en faveur de la tolérance. C'est là que, dans un langage plein de douceur, de grâce et de force, il exprime ces pensées, que Fénélon a produites un siècle plus tard, c'est là qu'il montre : *les sectes renaissant plus nombreuses et plus fortes, sous le glaive qui veut les détruire; le fanatisme invincible, et du sein des bûchers où un autre fanatisme le jette, acquérant plus de puissance encore; la religion frappée de toutes les plaies que de malheureux sectaires se portent; les vains efforts de la puissance humaine, pour forcer les retranchements du cœur; la nécessité d'imiter l'Eternel, qui souffre l'erreur sur la terre; et l'inutilité d'une persécution qui, en semant sur les champs des Vaudois les cendres de Wiclef, féconda l'hérésie.*

Tel était l'emploi de ton éloquence, grand homme, dont la statue qui s'élève devant nos yeux semble l'image terrestre de cette charité sans laquelle tous les dons de l'esprit ressemblent, dit l'apôtre, *au vain éclat de la cymbale qui retentit dans les airs.* Tes contemporains, ô Fénélon, te punissent d'avoir proclamé ces maximes. Auguste de Thou, qui cent années avant toi, osa les proférer aussi; de Thou, qui avait embrassé la vérité comme un sacerdoce, devait en subir le martyre. Un nouveau spectacle se présente aux méditations du philosophe : c'est la lutte de l'homme juste aux prises avec son siècle.

Il a publié son Histoire universelle. Aussitôt tout s'émeut. Tous les vieux levains de la ligue fermentent. Quelle audace! Quel crime! Un homme a dit la vérité! Comme on vit plus tard tous les vices privilégiés se soulever contre Molière, une ligue de toutes les passions se forme contre l'historien. Son époque toute entière semble vouloir punir son audace. C'était le temps du pédantisme, des factions, de la sottise et de l'ignorance, en robes, en cuirasses, en camail. Que d'hommes la vérité offense! Que de consciences frémissent devant l'histoire, cette autre conscience du genre humain!

Une conjuration contre la vérité s'est formée. Mille cris s'élèvent. Entendez-vous ces vieux ligueurs réclamer l'indépendance de leurs haines; ces fanatiques défendre contre Auguste de Thou leurs épouvantables maximes? ces hommes que le bruit des orages avertit de leur puissance malfaisante; ces tartuffes pour qui la religion, suivant l'expression familière de l'historien, était une *cape à l'espagnole,* dont ils couvraient leurs vices et la débilité de leur esprit; ces étrangers, fléau de la France, lèpre d'un pays, qu'ils dévoraient en le corrompant, ces descendans avilis des vieux chevaliers, qui tenaient le brigandage pour un témoignage de noblesse, et l'assassinat pour une sorte d'héroïsme, ces pédants qu'Auguste de Thou avait dédaigné de placer dans cette liste des vrais savants qu'ils eussent déshonorée; voyez-vous cette lie, cette écume d'une société agitée par des convulsions si violentes se soulever à la fois contre un homme de bien qui ose être équitable?

On soudoie des libellistes. Sous des noms supposés, ces hommes, plus vils que le scélérat vulgaire, qui se cache et qui frappe, lancent contre Auguste de Thou, leurs invectives. JOANNES BAPTISTA GALLUS, dont le véritable nom est Jean

Machault, jésuite, dénonce l'historien comme un calviniste déguisé, comme un sujet perfide, comme un citoyen rebelle. Une plume moins habile et plus violente l'attaque avec plus d'impudence encore dans un style barbare, langage d'un bourreau qui aurait appris le latin : Gaspar Scioppius, ce ridicule personnage, nommé de son temps *le dogue de la grammaire* (*), promet à de Thou les tortures et les bûchers de l'inquisition, sans compter les supplices de la vie éternelle. Machault, de son côté, le livre à la risée publique : il pénètre dans le sanctuaire de sa vie privée ; il le peint de couleurs grotesques ; il le nomme *uxorius*, l'ami de sa femme. Scioppius, ennemi moins habile, est moins fécond en épigrammes qu'en invectives : son attaque est plus franche : il v l'historien au bras séculier, parcequ'il est hérétique, qu'il a médit des moines, qu'il a nommé Borgia infâme, et qu'il a commis trois solécismes.

La cour de Rome où se trouvait le foyer de cette persécution, ne tarda pas à mettre le sceau à cette honteuse injustice. Les Lettres du Vatican comblent d'éloges, non l'auteur de l'histoire universelle, mais son calomniateur. C'est Scioppius qui reçoit les témoignages de reconnaissance de Rome catholique : et avec les dépêches qui portent à cet ignoble Thersite de la théologie les congratulations du sacré collége, partent les foudres saintes qui vont frapper sa victime. Le 14 novembre 1609, le maître du sacré palais lacère publiquement sur les degrés du Vatican, l'ouvrage de tout le siècle, où la sagesse, la tolérance et le dégoût des factions ont laissé la plus noble empreinte. Les mêmes juges venaient

---

(*) *Scripta contumeliosa.* (Éd. de Carte.)

de condamner Érasme; les mêmes juges allaient condamner Galilée. Ce fut entre le plus grand géomètre du seizième siècle, et ce malin Érasme, le Voltaire des théologiens, que l'histoire universelle fut mise à l'index. Le Vatican veut empêcher la terre de tourner et la vérité de paraître. Vains efforts, la terre tourne et la vérité se montre.

Outragé ainsi dans la personne de l'un de ses présidents, le parlement de Paris s'avise de prendre sa revanche. Il fait brûler à Paris un livre, composé par le cardinal Bellarmin, un des instigateurs de la punition ridicule, infligée à l'ouvrage d'Auguste de Thou. Le philosophe sourit de cette double vengeance exercée sur des livres ; un bon ouvrage condamné à Rome, est cause de la destruction d'un mauvais ouvrage à Paris : comme s'il existait au monde une puissance capable de faire vivre un écrit détestable; comme s'il y avait une flamme capable d'anéantir la raison humaine.

Ce sont des moines, auxquels les murs de leurs couvents ont caché le spectacle du monde, qui, impassibles et vils instruments d'ignorance et de dommage, sont chargés de mutiler l'histoire universelle; et de retrancher en Espagne ce qui déplaît à la cour d'Espagne; à Rome, ces portraits trop frappants, qui blessent la cour de Rome. Ces ignares censeurs méconnaissent jusqu'au nom des hommes de parti qui figurent dans l'histoire universelle. Un éloge donné à la bravoure d'Anne de Montmorency, est à ses yeux une preuve d'hérésie : ce farouche connétable, accoutumé à brûler les bancs de prêches et piller les villages protestants, était devenu, dans la censure du cordelier Carraccioli, un sectateur de Calvin.

Ainsi court risque d'être puni, quiconque, marchant en

avant des idées de son siècle, osera lui dire la vérité. Mais l'inflexible courage de notre historien, devait être soumis à une autre épreuve. La populace littéraire ne fut pas la seule ennemie. Un roi pédant qui avait trahi sa mère, Jacques II, fils de Marie-Stuart, voulut l'empêcher de publier la vérité sur le compte de cette infortunée. Rhéteur sans ame, comme sans génie, il s'était uni aux persécutions de cette malheureuse reine : du fond de la tombe de sa mère une voix accusatrice s'élevait contre lui. Il avait étouffé la nature, il voulut étouffer la vérité. Jacques II écrivit à l'historien, qu'il désirait que les torts de sa mère et les siens fussent également palliés. De Thou pouvait lui répondre : Malheureux ! tu la défends morte... que ne la sauvais-tu vivante ?

Mais respectueusement sévère, il résiste aux séductions et aux menaces. Il n'altère point la vérité; il ne veut ni accuser, ni excuser Marie-Stuart; il ne cherche ni des outrages comme Knox, ni des palliatifs comme Buchanan ; il montre les torts, les excuses, les malheurs de cette jeune femme, bercée par les voluptés qui lui cachaient un échafaud ; faible sous le poids de deux couronnes, plus faible sous des passions, mais héroïque sous le fer du bourreau, et mêlant une piété tendre au souvenir de ses fautes et à la juste condamnation de l'histoire.

Le courage si nécessaire à Auguste de Thou, parmi tant de persécutions et d'obstacles, l'abandonne à la fin. Les haines qui l'environnent devenaient chaque jour plus cruelles. « Vous « ne sauriez croire, écrivait-il à ses amis, combien l'inno- « cence de ma vie, et mon amour pour la vérité, m'ont fait « d'ennemis : que de haines se sont soulevées contre ma « candeur, mon indépendance, mon aversion pour tous les

« partis. Heureusement je suis trop attaché à ma patrie, et j'ai
« trop souvent préféré à nos utilités privées l'honneur et la
« vertu, pour me laisser effrayer par leurs menaces. » En
vain Henri IV lui-même étendit-il son sceptre, pour protéger
de Thou : il lui avait écrit : « je ne veux différer de vous
« témoigner l'estime que je fais de vous, de votre capacité,
« intégrité, preud'hommie, qui sont qualités si rares, en ce
« temps mesmement corrompu par la malice des siècles
« passés ». Ce bon roi écrivit encore à Rome : « Le nonce a
« cogneu le déplaisir que je reçois des plaintes que l'on me
« fait de l'ouvrage du président de Thou, et comme j'ai com-
« mandé le débit et la vente qui en ont été faites. » Mais
bientôt d'autres soins occupèrent le monarque; et l'historien
fut de nouveau en lutte aux outrages des stipendiaires du
fanatisme.

Alors la plume échappe de ses mains : il n'a pas le courage de continuer son ouvrage : il l'interrompt pour répondre à ses ennemis : il trace l'histoire de sa propre vie.
A l'imitation des anciens, il ose se juger avec une impar-
tialité sévère. C'est à des injures si atroces et si vivement
senties par une ame vertueuse, que nous devons ces mémoires, l'un des ouvrages les plus remarquables de ce genre,
où se plaçant, pour ainsi dire, à distance de lui-même, il a
le courage de se désintéresser sur son propre compte, et de
s'apprécier, comme on apprécie autrui.

Le juge et le narrateur de son siècle, change de rôle et
devient son peintre. Il se prend au berceau, et met le lecteur
dans la confidence de ses pensées, de ses desseins, de ses
actions. Les souvenirs de sa vie font naître à chaque instant
l'occasion de retracer, en de légères esquisses, quelques par-

ties des mœurs de son époque. Aussi n'est-il pas d'ouvrage où se trouve une plus fidèle empreinte des habitudes domestiques du seizième siècle. De Thou crayonne en passant les portraits de ses contemporains, simples ébauches précieuses par la franchise du trait. Des détails légers indiquent l'esprit général de ce temps : des scènes de la vie commune donnent sur l'état de la France, pendant les troubles, des lumières plus exactes et plus piquantes que ne pourraient le faire des observations plus suivies et plus sévères : scènes moitié burlesques et moitié barbares : l'astrologie mêlée à la licence, et la puérilité aux crimes; des hommes frivoles, ayant recours à l'assassinat et au poison; des concitoyens, divisés par les opinions religieuses, s'embrassant avant d'aller s'égorger; le brigandage et l'enthousiasme religieux; des cardinaux factieux; des curés capitaines; des évêques mariés, juges et chefs de parti; enfin, les bizarreries, les métamorphoses, les monstres, nés d'une grande révolution, où tous les éléments sociaux sont confondus.

Il n'avait écrit de sa vie que cette partie qui précédait la mort de sa femme; son grand ouvrage était resté interrompu; une nouvelle catastrophe change sa résolution et le détermine à l'achever. Henri IV meurt : l'exécrable Ravaillac... Cherchons à être calme comme l'histoire. Une autre Médicis règne : avec moins de vices, elle n'est pas plus utile à la France : la disgrace de Sully est le premier acte de la nouvelle administration. Fidèle aux conseils du pape, Médicis repousse Auguste de Thou de la place de premier président qu'il avait si bien méritée. A Rome, l'épithète *Eretico* était placée auprès de son nom : au Louvre on l'appelle le *philosophe*; barbares sobriquets, paroles meurtrières, qui ont fait couler le sang de plus d'un homme vertueux. L'infâme Scioppicus continue à remplir la mission infâme qu'il a reçue : il ne cesse de menacer ce DE THOU, *istum Thuanum*, de la vengence des catholiques. A la fin de l'un des chapitres de son *Scaliger Hypobolymæus*, il lui montre Ravaillac, tout couvert encore, dit-il, du sang de son roi. « Tremble », s'écrie-t-il en s'adressant à l'historien; « tremble toi-même « puisque la suprême puissance n'a pas garanti le monarque; « tremble en voyant le couteau sanglant, et ton roi frappé de la main sûre de Ravaillac », « *certâ manu* », dit le monstre.

C'est au milieu de ces chagrins et de ces clameurs qu'il reprend la plume. Le cœur brisé, c'est devant le tombeau du monarque qu'il continue sa grande histoire. Il veut que ce beau règne ne soit pas perdu pour la postérité. Il veut qu'elle connaisse quel fut ce roi honnête homme. C'est une dette qu'il acquitte : c'est à elle qu'il a consacré ses forces expirantes. Sa santé s'affaiblissait, la mort planait sur sa tête. Jamais cependant son talent n'eut plus de vigueur. Le commencement du ving-unième livre de son histoire, où il expose les motifs qui l'engagent à la continuer après la mort de Henri IV, est le morceau d'éloquence le plus touchant qu'ait inspiré cet événement horrible. Aux accents d'une sensibilité qui arrache des larmes, succèdent des images pleines de force et d'énergie. On voit réunis, dans une évocation sanglante, tous les poignards dirigés contre le bon roi. Ce faisceau placé sur l'autel de la haine et béni par le fanatisme, offre les plus effrayantes leçons de l'histoire.

Cependant il craignait que ces tableaux, dernier ouvrage d'une main mourante, ne fussent anéantis par les passions qui avaient intérêt à détruire la vérité. Il légua à un alle-

C.

mand ce dépôt de ses pensées, cette seconde partie de son Histoire qu'il n'avait encore pu conduire jusqu'à la mort de Henri IV. La flamme de la vie s'échappait lentement de son sein. La pensée du malheur de sa patrie, son inquiétude sur l'avenir d'un pays si long-temps agité, précipitèrent sa fin. « J'aime mieux mourir sans délai, dit-il dans une pièce « de vers écrite sous la dictée de la mort, que d'être en proie « à ces idées funestes, qui me causent mille trépas ». Il exhale dans quelques vers latins, remplis de douceur et de charme, les derniers soupirs de son ame pure; et déja il appartient à l'avenir.

L'avenir, pour le juger avec une parfaite équité, doit rassembler mille traits épars, et l'apprécier comme écrivain, comme magistrat, comme politique, comme poète, comme citoyen, comme homme privé. Auguste de Thou fut le créateur d'un nouveau genre d'histoire, de l'histoire philosophique. Il aima le trône et le peuple; il défendit la couronne et la liberté; il peignit avec un bonheur égal les tableaux de la vie privée, et les grands spectacles de son siècle. Protecteur des lettres, il s'entoura pendant toute sa vie des savants les plus distingués de son époque. Il devina *Montaigne*, dont il sut indiquer tout le génie, d'un seul trait; il le nomme *Liberi ingenii hominem*, homme dont l'indépendance égalait le génie. Il fonda le collége de France. Nommé conservateur de la bibliothèque royale, il l'enrichit de trésors nouveaux, et prépara la gloire de cette collection unique dans le monde, où se trouvent aujourd'hui rassemblés tous les produits connus de l'intelligence : sénat muet, et, si j'ose m'exprimer ainsi, représentant de l'esprit humain, dans ses essais, ses variétés, ses progrès et ses triomphes.

C'est là qu'Auguste de Thou, habilé par son commerce facile et son génie aimable, a tempéré l'humeur âpre des savants qu'il réunissait autour de lui; c'est là, dis-je, qu'il forma cette Académie, ébauche d'une Académie plus illustre, qui devait, deux cents ans après, rendre un éclatant hommage à la vertu et au talent de l'historien. Au Louvre, où siégea long-temps l'Académie française, se rassemblaient à des jours fixes les Loysel, les Dupuy, les Casaubon. Là ils discutaient ensemble des points d'érudition et de science, sous la présidence de ce même Auguste de Thou, dont le nom retentit aujourd'hui au sein de l'Académie française, dont il donna la première idée.

Mais ici je m'arrête. C'est au biographe qu'il appartient de peindre dans tous ses détails cette vie si remarquable, dont *l'incorruptible tenue* (si je puis emprunter à nos ancêtres une expression pleine d'énergie), embrassa tant de devoirs à remplir et de lumières à répandre. Si je cherche dans le siècle où il vécut un homme qui puisse lui être comparé, je ne trouve que Michel de l'Hôpital. Il semble que la destinée ait réuni ces deux bons citoyens par une noble et touchante harmonie, et qu'ils se soient succédé par un ordre particulier de la Providence, qui voulait que l'image de la vertu se perpétuât en des temps affreux. L'Hôpital, auteur de belles ordonnances, qui *passent d'un long entrejet* (comme dit Pasquier), tout ce que l'on avait fait jusqu'alors, prépara par les édits de Romorantin et d'Amboise, l'Edit de Nantes, dont Auguste de Thou fut le rédacteur. Quand l'un, jeune encore, assistait aux suites du massacre de la St-Barthélemy, l'autre, retiré au fond de la terre de Vignay, expirait de douleur; et l'horreur qui précipitait la fin du vieillard, s'imprimait en caractères ineffaçables dans l'ame du jeune homme, qui devait exercer la justice de l'avenir sur un siècle trop coupable.

L'un plus grand jurisconsulte, l'autre plus célèbre écrivain: l'Hôpital, doué d'une ame ferme et d'un caractère assez simple et assez fort tout à la fois, pour voguer sans crainte à travers les orages des cours : Auguste de Thou, plus amoureux de l'étude que des honneurs, sacrifiant à ses devoirs son goût pour la solitude; tous deux nés avec le talent de l'observation; s'ils offrent des dissemblances dans les grands traits de leur vie, ils présentent de singuliers rapports dans les détails de leur caractère. Tous deux confièrent à la Muse latine leurs impressions variées et les diverses émotions de leurs ames. De Thou et l'Hôpital écrivirent des vers latins pleins de grace et d'abandon; et par un rapprochement remarquable, de Thou fut l'éditeur des poésies de l'Hôpital. Tous deux ils exprimèrent souvent dans la langue harmonieuse de Virgile et avec le rhythme facile d'Horace, la douleur que leur causaient les maux de la France et les persécutions de leurs ennemis. Ainsi de Thou, dans une pièce de vers intitulée *Posteritati*, à la Postérité, en appelle à ses descendans des injustices de son siècle. Puissé-je ne pas effacer dans un extrait rapide de ce morceau, l'énergie et la noble fierté qui les distinguent! C'est le résumé, la défense et la peinture de sa vie entière; c'est le cri de sa détresse, c'est la voix du juste, accusant un mauvais siècle.

>Où fuir? De quels transports à ma perte animée,
>S'avance d'ennemis une coupable armée?
>L'un, au pied des autels, me maudit à genoux :
>L'autre, serpent des cours, y glissant son courroux,
>Du pouvoir abusé soulève la justice

Et sollicite enfin ma honte et mon supplice.
Quoi! l'audace et la ruse unissent leurs clameurs!
Quoi! le glaive et la toge unissent leurs fureurs!
Des lieux les plus secrets et des plus vils repaires,
De l'ombre des cachots, du fond des sanctuaires,
S'élancent..... — Qu'ai-je fait! mes fidèles pinceaux
De nos temps malheureux ont retracé les maux.
De mon siècle coupable historien fidèle,
Je n'ai point altéré les traits de mon modèle.
Si, devant son image, il est saisi d'effroi,
Les crimes sont à lui : les pinceaux sont à moi.

Juste Postérité! vengeresse des crimes,
Toi, qui d'un pur éclat entoures les victimes,
Noble fille du Temps, mère de l'Équité,
Viens! prends soin de mon nom, juste Postérité!

Tu diras : « De son siècle il brisa les idoles.
« Il osa réfuter ces sophismes frivoles,
« Prétextes meurtriers dont s'arment les bourreaux :
« Il pleura les malheurs, il vengea les héros.
« De ses plus chers amis il signala les vices.
« Le crime s'endormait, au milieu des délices;
« Parmi les voluptés, aux tables des festins
« Il dormait... et la coupe échappait de ses mains.
« De Thou, par sa franchise a troublé sa mollesse ;
« Il s'éveille effrayé. L'histoire vengeresse
« Fait briller sur son front le glaive suspendu ;
« Le coupable puissant aux remords est rendu !

O toi, Postérité, mon espoir, mon seul juge,
Des humaines vertus toi le dernier refuge,
Dis, comment j'accusai, par mes cris courageux,
Tous ces chrétiens ardents à s'égorger entre eux.

« Arrêtez ! contre vous l'avenir se soulève.
« Chrétiens ! au nom du ciel, ah ! déposez le glaive.
« Pour convertir les cœurs armez-vous de vertus :
A ces signes certains, Dieu connaît ses élus !
« Barbares, arrêtez ! déja le bûcher fume ;
« La hache est toute prête et le bûcher s'allume !
« Craignez Dieu, l'avenir » ! — ils ne m'écoutent pas ;
Avec fureur, vers moi, précipitent leurs pas !
— « Des ennemis de Dieu tu partages les crimes :
« Vieillard, ta place est prête au milieu des victimes ;
« Dans les flots de ton sang étouffons ces clameurs
« Qui ne cesseraient pas d'accuser nos malheurs ! »

Eh bien ! je vous bravai, je vous défie encore !
Idole des grands cœurs, Vérité que j'adore !
Reçois une ame libre à son dernier soupir !
Je te donne ma vie... et j'attends l'avenir (*).

(*) On a cherché à rassembler dans un espace resserré les pensées principales et les mouvements les plus remarquables de cette belle pièce de vers latins ; Voy. *Mémoires*, liv. V, p. 129. Édition de Th. Carte.

www.ingramcontent.com/pod-product-compliance
Lightning Source LLC
Chambersburg PA
CBHW070658050426
42451CB00008B/414